L'infini à portée de main

Voyage au cœur des souvenirs

Du même auteur

manon lannot-marchand

L'infini à portée de main

Voyage au cœur des souvenirs

« Tous droits de reproduction, d'adaptation et de traduction, intégrale ou partielle réservés pour tous pays. L'auteur ou l'éditeur est seul propriétaire des droits et responsable du contenu de ce livre. Le Code de la propriété intellectuelle interdit les copies ou reproductions destinées à une utilisation collective. Toute représentation ou reproduction intégrale ou partielle faite par quelque procédé que ce soit, sans le consentement de l'auteur ou de ses ayants droit ou ayants cause, est illicite et constitue une contrefaçon, aux termes des articles L.335-2 et suivants du Code de la propriété intellectuelle. »

manon lannot-marchand

Ce livre est une empreinte, une trace laissée pour ne pas oublier, pour donner du sens à ce que j'ai traversé.

J'ai grandi dans les épreuves, j'ai appris à me reconstruire sur ce qui aurait pu me briser,
Et aujourd'hui, j'écris pour que cette histoire ne soit pas qu'un murmure dans le passé.

Les mots ont toujours été mon refuge.
Écrire, c'était survivre. Écrire, c'était affirmer que je suis là, malgré tout.
ce livre n'est pas seulement un récit.
C'est un acte de résistance, une manière de montrer que la douleur ne définit
pas une vie, qu'elle peut être transformée, transcendée.

Aujourd'hui, je continue à avancer. À rechercher la lumière, même après les ombres.

Et si ces pages peuvent, un jour, toucher quelqu'un d'autre, lui rappeler qu'il n'est pas seul,

Alors elles auront trouvé leur raison d'exister.

"Même dans les silences les plus lourds,
Il y a des mots qui attendent d'être écrits."

Table des matières

Les manèges du temps 15

Les saisons des émotions 32

    Les racines du silence 51

Les abysses du passé 62

L'infini à portée de main 98

Préface

Ce livre est une traversée. Une exploration des émotions qui naissent, flambent,

s'effacent, renaissent.

Il est fait de silences qui parlent, d'attentes qui creusent, d'un amour qui persiste

même lorsque la raison murmure qu'il devrait s'éteindre.

Il ne cherche pas à offrir de réponses, ni à juger ce qui fut.

Il est simplement un regard honnête sur les saisons du cœur,

sur cette danse entre la dépendance et l'émancipation, entre la passion et l'absence,

entre l'amour et soi-même.

Si ces mots trouvent un écho en toi, alors peut-être, comme moi,

tu comprendras que certaines histoires ne s'oublient pas,
mais qu'elles apprennent à se transformer.

Avant-propos

J'ai écrit ce livre parce qu'il fallait que quelque chose sorte, que ces émotions

Qui m'ont traversée trouvent un espace ou exister pleinement.

Pendant longtemps, j'ai cru que l'amour était une attente, une dépendance

nécessaire, un feu qu'il fallait alimenter coûte que coûte.

J'ai cru qu'aimer, c'était tout donner, même ce qu'il ne fallait pas.

Aujourd'hui, je comprends que l'amour ne doit pas être un enfermement,

qu'il doit laisser la place à l'air, à la liberté, à l'existence individuelle.

Je comprends que les silences peuvent être aussi puissant que les mots,

que les absences parlent parfois plus fort que les présences.

Ce livre est le récit d'un amour, d'une prise de conscience, d'une transformation.

Il est ce que j'ai appris sur moi-même, et peut-être que, quelque part

Entre ces lignes, qu'elqu'un d'autre y reconnaitra un bout de son propre voyage.

Les manèges du temps

Arrêter le temps, l'espace d'un instant.
Arrêter le temps, juste un battement.
Récupérer l'âme de mon enfance,
Récupérer l'âme de mon insouciance.

Les rires éparpillés entre les manèges,
Le vertige d'une course effrénée
vers la prochaine attraction,
L'odeur sucrée de la barbe à papa
qui colle aux doigts,
Les étoiles dans les yeux
avant de plonger dans l'inconnu.

Retrouver cette légèreté oubliée,
Retrouver cette innocence effacée.
Des moments oubliés,
Des instants volés,
Du temps effacé,
Du temps qui s'efface, encore et encore

    Mais le temps, capricieux et insaisissable,
    ne se laisse pas apprivoiser.
    Ce manège éternel tourne encore,
mais ses couleurs pâlissent,
Ses éclats se fanent.
Le rire s'effiloche dans le vent,
    ne laissant que son écho.
    Alors, l'horloge danse.
Chaque battement de son cœur mécanique résonne
    comme une promesse et une trahison.
Les aiguilles s'effleurent, se frôlent,
    mais ne s'arrêtent jamais.
    deux âmes suspendues dans l'instant,
prisonnières d'un temps qui s'échappe.

    L'amour existe là, dans cette valse muette, ce murmure qui refuse de s'éteindre.
    mais peut-on aimer sans demain ?

peut-on retenir l'instant avant qu'il ne s'efface ?

"Et pourtant, dans un éclat d'iris, dans un souffle retenu, l'éternité s'imprime le temps d'un battement de cils."

Je rêve d'un souffle coupé, d'un entrelacement de regards qui se cherchent.
Je ne promets ni monde et merveille,
Juste mon temps
Peau contre peau,
Je me noie dans ton regard pour étirer l'instant,
Faire de ton corps l'espace ou plier tes désirs les plus ardents.
Je veux battre la mesure de chaque pulsation de ton cœur,
Faire fondre la peur jusqu'à ce qu'elle ne puisse plus te hanter.
Raviver ces couleurs trop longtemps oubliées,

Celles que je voudrais abandonner sur tes joues rosées.

La valse des heures

Le temps danse, insaisissable, comme un spectre qui caresse les amants
sans jamais s'attarder. Dans le café à l'odeur de pain chaud et de regrets feutrés,
leurs regards s'accrochent aux aiguilles d'une horloge fatiguées.
Chaque seconde est une promesse de retrouvailles, chaque battement de cœur
un cri muet vers l'éternité.
Pourtant, ils savent, le temps n'offre pas d'abri,
Seulement le frisson d'un instant avant l'oubli.

L'ombre des jours anciens

Il fut un temps où courir sans raison était un acte de liberté.

ou l'air du matin portait encore les rires éparpillés des jeux insouciants ou chaque étoile

filante était un vœu qu'on croyait éternel. Mais, l'enfance s'efface sans bruit, sans prévenir.

on ne sait jamais quand on cesse d'être un enfant juste qu'un jour, la magie

des choses simples deviennent un souvenir au lieu d'une évidence.

Le manège tourne toujours, mais il n'a plus le même éclat. Les couleurs ont perdu

de leur ferveur, et dans le reflet des vitrines, ce n'est plus un enfant qui court,

mais une silhouette qui hésite.

L'innocence s'éteint lentement, comme une lumière qui vacille sous le poids des années.

Elle se délite, morceau par morceau, jusqu'à ne plus laisser qu'une empreinte lointaine
dans le cœur. Alors on danse sur le fil, entre ce qui reste et ce qu'on doit abandonner.

Danse sur le fil

Laisse-moi t'aimer
Mais ne m'aime pas en retour
Aime-moi et laisse-moi te haïr quelques fois
Laisse-moi l'illusion de contrôler les choses
Parce que je sais bien que tout m'échappe
Laisse-moi croire que l'abandon est un choix,
Que je puisse encore retenir ce qui me glisse entre les doigts.
Je danse sur le fil de l'illusion,

Un pied dans l'attente,
L'autre dans l'oubli.

Les silences oubliés

Il y a des soirs ou l'air porte encore des ombres,
Celles d'un temps qui s'efface lentement,
Comme des pas qui s'effondre dans le sable,
Sans laisser d'empreintes,
Sans rien pour les retenir.

Il y a des regards qui glissent sur la peau,
Fantôme d'instants révolus,
Des lèvres qui frémissent d'un mot jadis murmuré,
Mais qui s'effacent avant d'exister.

Nous marchions sur ces silences,
Dans l'écho d'un passé qui ne revient pas.
Balayant les traces, égarant les promesses,
Et le temps, impassible, nous regarde sans trembler.

Il parle encore à notre place,
Sculpte des absences dans la mémoire,
Et dans le creux d'un souffle oublié,
Il devient tout ce que nous avons été.

Un battement, une éternité

Le temps file, le temps m'échappe, mais pour un instant, juste un battement, je voudrais l'arrêter.

Je suis là, devant cette fête foraine que j'ai arpentée enfant, perdu entre les lumières criardes et les rires dispersés dans l'air du soir ; l'odeur sucrée me revient, collante aux souvenirs, la barbe à papa fondant sur mes doigts maladroits. Je ferme les yeux.

Je voudrais retrouver cette âme légère qui s'élançait sans réfléchir, courir à perdre haleine vers la prochaine attraction, sentir ce vertige insouciant, celui qui précède l'inconnu mais ne m'effraie jamais.

Mais je suis adulte maintenant.
Les manèges me semblent plus petits, les couleurs trop vives, et les rires ne m'appartiennent plus.
J'avance lentement, laissant mes pas me guider vers cet endroit précis, celui où, un jour, j'ai cessé d'être un enfant.

— Pourquoi suis-je revenu ?

Je cherche la réponse. Peut-être pour retrouver

ce que j'ai perdu en grandissant. Peut-être pour comprendre ce que je n'ai jamais su nommer.

Je croise mon propre reflet dans la vitre d'un stand de tir. Mes yeux sont les mêmes, mais la lumière dedans vacille.

– Il est trop tard, murmuré-je.

Non. Pas trop tard. Je tends la main, effleure l'air chargé d'échos. Et alors, je les vois : les éclats d'enfance, dispersais partout, dans les lumières qui dansent, dans les rires qui s'envolent, dans le frisson d'un instant où le monde semble s'arrêter.

Un battement, une éternité.
Je ne retrouverai jamais entièrement ce que j'étais, mais je comprends. L'innocence n'est pas un souvenir à rattraper. Elle est là, dormante, prête à renaître dans chaque éclat de joie que j'accepterai d'embrasser.

Alors je souris.
Et le temps, l'espace d'un instant, cesse de s'effacer.

    L'hiver, les silences figé

    Il fait froid,
    Et pourtant, ce n'est pas la neige qui mord,
        C'est le silence.

    Un hiver qui n'en finit pas,
    Ou les voix s'éteignent,
    ou les murs gardent les cris en mémoire.

    Les jours sont figés,
    comme ces souvenirs que le temps refuse d'effacer,
    comme des cicatrices que l'on croit invisibles
    et qui pourtant brûlent encore.

Et pourtant,
Même dans l'hiver le plus cruel,
Un frisson d'avenir,
Une promesse enfuie sous la glace.

Le printemps, les graines d'espoir

Après le froid,
Il y a toujours un souffle,
Un instant qui semble fragile,
Comme une renaissance hésitante.

Le printemps ne demande pas la permission.
Il pousse entre les ruines,
Il s'étire sur les blessures,
Il murmure doucement
Qu'il y a encore quelque chose à vivre !

Ce n'est pas un cri de victoire.

C'est juste une possibilité.
Un réveil léger.
Une respiration nouvelle.

Un premier pas hors du silence.

L'été, l'existence sans ombres

Il fait chaud,
Et cette fois,
Ce n'est pas un feu qui consume,
Ce n'est pas une brûlure qui marque.

C'est une lumière
Qui ne s'excuse pas d'exister.

    C'est un jour où l'on peut marcher sans regarder derrière soi,
    Un moment où le passé ne dicte plus chaque pas,
    Ou il reste juste un souvenir,

Et plus une prison.

L'été, c'est le choix d'être là, entièrement.
Sans avoir peur que tout s'effondre.
Sans avoir besoin de survivre.

Juste vivre.

Et, pourtant…

La nuit tombait doucement. Ma sœur et moi étions assises sur le canapé, une tasse de thé
    tiède entre les mains. Elle me regardait avec cette intensité qui disait qu'elle pensait
    À quelque chose, sans oser le dire.

– " tu sais avec tout ce que tu as vécu…
    je me demande comment tu fais pour ne pas être amère."

Je souris légèrement, posant ma tasse sur la table.

– " Je pourrais l'être, c'est vrai. J'aurais toutes les raisons de l'être."

Elle hocha la tête attendant la suite.

– " Mais je ne veux pas."

Elle fronça les sourcils.

– " Et pourquoi ?"

Je pris une grande inspiration, cherchant les bons mots pour expliquer ce que je ressentais
sans même y réfléchir.

– " Parce que si je laissais tout ça me définir, alors ils auraient gagné."

Elle baissa les yeux un instant, comme si mes mots lui donnaient à réfléchir.

– " Tu veux dire… eux ?"
- " Oui. Le passé. Les blessures. Tout ce qui aurait pu me plier et me rendre incapable d'espérer quoi que ce soit.

Un silence s'installa, mais ce n'était pas un vide. C'était un silence ou quelque chose
Se reconstruisait entre nous,
Comme une vérité enfin dite.

Puis ma sœur murmura :

– " Tu as toujours eu cette lumière en toi… Moi, parfois j'avais l'impression
qu'elle allait s'éteindre."

Je la regardai, profondément touchée.

– " Elle a vacillé, bien sûr. Mais elle est encore là.

Elle esquissa un sourire, un vrai, celui qui fait comprendre que malgré tout, on est toujours
 là, et que c'est déjà une victoire.

Et dans cet échange, dans cette nuit calme, dans cette certitude posée entre nous,
 J'ai su que je resterais toujours une personne qui croit, qui avance, qui espère.
 Parce que je refuse d'être définie par ce qui m'a blessée.
 Parce que je choisis, chaque jour, d'être plus grande que ce qui aurait pu me réduire.
 Parce que je suis là.

Les saisons des émotions

Au rythme du vent

Les émotions changent avec le vent, se tordent, s'effilochent, renaissent.
Le printemps s'avance, fragile et nu, avec son innocence qui éclate
comme une pluie d'or.
L'éveil d'un premier frisson, la peau qui frissonne sous la lumière neuve.
un pas hésitant dans un monde qui palpite encore de promesses.
puis vient l'été, brûlant, insolent.
Le brasier dévore tout, les cœurs battent à l'unisson du soleil,
l'amour s'écrit avec des éclats de feu.
C'est l'instant qui explose, la fièvre au creux des mains, l'ardeur au bord des lèvres.
mais l'automne s'invite sans prévenir, le souffle plus rauque, les couleurs qui s'effacent
dans une danse lentes et fatiguées.

L'évanescence des jours heureux, la mémoire qui s'accroche aux cendres du passé.

On marche sur des feuilles mortes, on écoute les adieux murmuré sous nos pas.

Et, l'hiver alors.

Le doute en bruine froide, la solitude qui s'étire sous des draps glacés.

Le silence qui s'épaissit, le ciel qui s'éloigne.

C'est le temps suspendu, l'attente, l'absence.

Mais, au creux de la nuit, une promesse se love, à peine audible :

Bientôt, la lumière reviendra, et l'éveil renaitra.

Mon amour,

Personne avant toi n'avait fait danser les saisons dans mon âme.

Tu es le souffle du printemps, l'éveil qui fait frémir ma peau, cette lumière naissante qui m'apprend à croire encore en l'innocence.

Puis, tu deviens l'été, brûlant, insatiable.

Un brasier qui consume chaque doute, chaque hésitation.

Avec toi, tout est intense, chaque regard une promesse, chaque toucher une déflagration.

Je me perds, je m'embrase, et pourtant jamais je n'ai été aussi vivante.

Mais l'automne s'invite parfois, et avec lui, la nostalgie de ce que nous avons déjà vécu,

la peur furtive de voir quelque chose s'éloigner.

L'evanescence d'un instant, d'un rire, d'un souvenir qui s'accroche à ma mémoire

comme une feuille qui refuse de tomber.

Et même cela est beau, parce que c'est toi, parce que c'est nous.

et lorsqu'en moi vient l'hiver, le doute qui s'étire dans le froid, le silence qui m'enveloppe, tu es là.

contre toi, le givre s'efface et au creux de ton souffle, une certitude grandit : après la nuit,

toujours renait le printemps.

Alors aime-moi encore.

Aime-moi comme le vent emporte tout, comme le feu qui ne s'éteint jamais,

comme ces instants qui défient le temps et qui, même lorsqu'ils s'effacent, restent gravés

au fond du cœur.

À toi, toujours

À moi,

Il fut un temps ou le printemps m'a bercé d'illusion, ou l'éveil ressemblait à une promesse

Innocente, un champ de possible ou tout semblait vrai. Je croyais aux mots doux sans arrière-pensée, aux regards qui ne trahissent pas. Mais, le printemps ment parfois.

Ses bourgeons s'ouvrent trop vite, et certaines fleurs ne tiennent pas
sous la première pluie.

L'été m'a brûlé, son brasier trop vif, trop grand pour être apprivoisé.

J'ai aimé sans mesure, sans retenue, et j'ai vu l'ardeur se consumer sans jamais
apprendre à durer.

Le feu est beau, mais il dévore. Aujourd'hui, je sais qu'on ne danse pas avec les flammes
sans marquer.

L'automne m'a enseigné la nostalgie, l'évanescence des promesses trop pleines,
trop belles pour être vraies. J'ai laissé tomber des illusions comme les feuilles
qu'on piétine, et j'ai compris que certains souvenirs doivent être oubliés pour que l'âme
respire de nouveau.

Et quand l'hiver est venu, avec son doute et ses silences, j'ai appris à me tenir droite
dans le froid.

J'ai cessé d'attendre qu'on vienne me réchauffer.

J'ai compris que la chaleur, elle doit venir de moi.

Alors je me le promets ici, aujourd'hui :

Jamais je ne tomberai dans le panneau,

Jamais je laisserai l'innocence m'aveugler, ni le feu me consumer sans raison.

Je porterai chaque saison en moi sans me perdre dans leurs mirages.

À moi, toujours.

À moi, pour ne pas oublier

J'ai traversé les saisons sans m'en rendre compte.

J'ai cru au printemps, à son innocence trompeuse, à ses promesses d'éveil.

J'ai brûlé dans l'été, laissé la passion me dévorer, oubliant que le feu peut autant réchauffer

que consumer.

J'ai pleuré dans l'automne, compris que tout s'efface, que la nostalgie n'est qu'un murmure

de ce qui aurait pu être.

Et l'hiver est venu, m'a laissé avec mes doutes, mes silences, mes vérités qu'il fallait

affronter.

J'ai attendu trop longtemps.

J'ai cru qu'aimer, c'était donner sans compter,

C'était resté là figée pendant que l'autre vivait.

J'ai pensé que l'amour exigeait le sacrifice,

que l'absence était une preuve de sincérité.

Mais aujourd'hui,
Je sais qu'attendre, ce n'est pas aimer.
Que se perdre dans quelqu'un, ce n'est pas vivre.
Que l'amour ne doit pas enfermer mais élever.
Alors oui, j'ai aimé inconditionnellement.
Je ne regrette rien.
Mais je me promets une chose :
Je ne redeviendrai jamais une ombre.
Je ne laisserai plus l'amour m'effacer.
Car les saisons reviendront,
Le printemps éclatera encore,
L'été brûlera, l'automne murmura,
Et l'hiver me rappellera que je suis là,
Que je suis entière,
Et que je mérite d'exister autrement qu'à travers un autre.

"Les saisons passent, les émotions changent, et pourtant,
certaines choses restent gravées. Ce voyage à travers l'amour, l'attente et l'absence
m'a appris que chaque instant laisse une empreinte, que chaque silence raconte une histoire.

Avant de plonger dans ces fragments de moi, voici le souffle d'une vérité que j'ai apprise

À accepter : on ne disparait pas dans l'amour, on s'y trouve."

Les murmures du silence

Il y a ces silences,
Qui ne sont ni vides ni absents, juste là, posés entre nous,
Comme une respiration que l'on partage sans avoir besoin de dire.
Les nuits d'attente,

Ou l'absence hurle sans un bruit,
Ou les draps se froissent sous le poids d'une absence trop lourde
Mais jamais nommée.
Puis il y a ces retrouvailles
Ou le verbe n'existe pas,
Ou les regards dansent dans un langage que seuls, nous comprenons.
Un frisson, une ombre de sourire, et nous avons déjà dit tout ce qui compte.
Car il y a des vérités qui ne se prononcent pas,
Des adieux murmurés sans être formulés,
Des promesses qui meurent dans un battement de paupières,
Et ce souffle entre nous qui n'a jamais su être un mot.

L'attente et l'absence

J'ai laissé mes heures s'effilocher,

À guetter la clé qui tourne dans la porte,
À espérer qu'un regard,
qu'un souffle me rende ce que j'avais donné.

J'ai oublié la ville, les rires,
oublié mes pas sur le pavé,
oublié que le monde existait au-delà de l'ombre que tu laissais derrière toi.

Toi, tu fuyais,
tu dansais ailleurs, tu parlais fort,
tu buvais la nuit comme si le jour n'existait pas,
et moi je comptais les secondes dans un silence qui ne disait rien.

J'aurais pu partir,
J'aurais pu rire aussi fort que toi,
brûler l'attente, brûler les murs,
mais j'ai cru que l'amour était d'accepter l'absence comme une preuve de patience.

Aujourd'hui,
je regarde les rues pleines de lumières,

je marche là où je n'osais pas,

je comprends que l'amour n'est pas un enfermement,

Que je pouvais exister sans attendre.

L'amour qui reste

J'ai tout vu,
Les absence qui s'étire,
les nuits sans mots,
les espoirs qui se fissurent.
J'ai connu la colère,
le poids des attentes non comblées,
l'écho d'une porte qui ne s'ouvre pas,
le vide laissé par ce que j'aurais voulu avoir.

Et pourtant,
Malgré tout, malgré moi,
Malgré l'éveil qui m'a appris à ne plus tendre les bras dans le vent,
Je l'aime encore.
Je l'aime sans raison,

Sans pourquoi, sans logique.
Je l'aime comme on respire,
Comme un murmure inscrit en moi,
Comme une lumière qu'on ne sait pas éteindre
J'aurais tout donné,
Tout offert sans retenue,
Car c'était lui,
Car c'était nous,
Car même dans le départ,
Il reste une trace qui ne s'efface pas.

Les nuits et les silences

La chambre était petite, trop petite pour contenir tout ce que je ressentais.

Lui, immense, étiré sur ce lit qui lui appartenait autant que notre histoire.

Moi, minuscule, perdue dans ces draps rouges, flottant entre sa présence et son absence.

Parfois, il ne rentrait pas. Alors je regardais le jour se lever sans lui.

les murs ne parlaient plus, le silence devenait une mélodie sourde que seul mon cœur

entendait. Une fois, il était rentré au petit matin, l'odeur de l'alcool

encore suspendu à son souffle. Je l'ai regardé dormir à côté de moi,

là mais ailleurs. Les battements de son cœur, réguliers, indifférents à ma colère,

à ma tristesse.

Alors j'ai fui. J'ai couru. J'ai laissé l'air froid mordre ma peau, comme pour me réveiller

d'une nuit qui ne s'était pas terminée. J'aurais voulu que l'épuisement m'empêche

de penser, mais la douleur dans mes jambes ne valait pas celle qui s'accrochait

à mon esprit.

Et pourtant, quand nous étions ensemble, quand il était là pleinement, c'était comme si rien ne pouvait nous toucher.

Les silences se transformaient en souffleentre nos lèvre, en étreintes brûlantes,

en passions qui nous faisaient oublier tout le reste.

Dans ces instants-là, il n'y avait ni absence ni attente, seulement l'évidence de nous deux.

Mais l'amour peut-il survivre aux nuits solitaires, aux matins vides,

à la fatigue de l'attente ?

C'est une question qui résonne encore, quelque part entre ces draps rouges

et les échos de mes pas sur le bitume.

La dernière nuit

Il fait nuit quand je le retrouve.

Pas une nuit pleine de promesses, pas une nuit qui s'étire dans l'oubli du monde.

Juste une nuit ordinaire, une nuit ou le vent souffle doucement contre les façades,

Ou les rues sont désertes mais pas vides, ou il y a encore assez de vie ailleurs

pour que cette rencontre ne soit qu'un point perdu sur une carte.

Il est là, debout

une silhouette qui m'est trop familère.

Et pourtant, quelque chose a changé.

- " Tu vas bien ?"

sa voix n'a pas bougé. Toujours ce même timbre, cette chaleur qui m'accueille malgré tout.

Mais ce soir, je n'ai pas envie de jouer à ça.

Je le regarde. Longtemps. Comme si je pouvais lire en lui ce que je n'avais jamais

osé chercher. Il ne parle pas, moi non plus, et pendant un instant, je retrouve ces silences
qui nous ont toujours enveloppés.
Ces silences qui nous ont toujours enveloppés. Ces silences qui disaient tout,
qui suffisaient à nous faire croire que nous nous comprenions sans rien avoir à dire.
Mais ce n'est plus pareil.

– "Pourquoi on est là ?"

Il baisse les yeux, soupire, et je sens déjà la réponse me glisser entre les doigts.
Comme d'habitude. Toujours à fuir ce qui compte vraiment.

– "Je voulais te revoir."

Une phrase simple, presque banale.
Mais elle n'a plus le même goût.
Et moi, qu'est-ce que je voulais ?

Je voulais comprendre pourquoi l'attente m'avait creusée. Pourquoi j'avais cru
    que le silence était une preuve d'amour.
Pourquoi, même en ayant tout vu, tout su,
    je continuais à me dire que nous existions encore, quelque part, dans un espace
    que personne d'autre ne pouvait atteindre.

    Mais tout ça n'existe que dans ma tête.
    Alors ce soir, pour la première fois, je parle.
    Je lui dis que l'amour ne doit pas être une cage. Que la dépendance, c'est une illusion
    qu'on habille de beaux mots pour ne pas voir qu'on s'efface.
    Que j'ai compris, enfin, que je pouvais vivre autrement.
    Il ne répond pas tout de suite.
Son regard glisse sur moi, sur tout ce que j'ai dû devenir
    pour être là, debout, face à lui.

– "Et maintenant ?

Je souris. Pas un sourire triste. Pas un sourire forcé. Juste un sourire calme, vrai
un sourire qui ne cherche pas d'explication.

– "Maintenant… Je pars."

Et je le fais.
Cette fois, c'est moi qui tourne les talons.
Moi qui laisse le silence derrière nous.
Moi qui choisis de ne plus attendre qu'il rentre, qu'il parle, qu'il comprenne.
Parce que j'ai déjà compris. Et c'est tout ce qui compte.

Les racines du silence

"avant de comprendre pourquoi j'ai tant
attendu, tant aimé, tant éspéré,
il faut revenir en arrière. Il faut revenir à
cette maison,
à ces cris, à ce placard ou nous cherchions à disparaître.
Il faut revenir aux racines du silence
avant d'expliquer pourquoi
je l'ai tant accepté."

Dans le sanctuaire silencieux de la nuit
ou les murmures n'ont besoin d'aucune traduction
j'ai réalisé que chaque hiver passé,
chaque gel douloureux , ne faisait qu'attendre
Le renouveau.
Comme les feuilles qui tombent en automne, mon enfance aussi a connu une chute,
une épreuve ou les vestiges de mon innocence se sont éparpillés sous les cris.

Les murs de la maison, bien que maintenant lointains, résonnent encore de cette tension
palpaple. Chaque éclat de voix, chaque hurlement s'imprimait dans mon corps
avant même que je ne puisse les comprendre.
Lorsque mon beau-père frappait ma mère, ce n'était pas seulement le bruit des coups
qui me terrifiait, c'était leur échos, la manière de s'infiltrer jusque dans ma peau,
jusque dans ma respiration.

Je me bouchais les oreilles pour ne pas entendre, mais le bruit était en moi
Il vibrait dans ma poitrine, s'accrochait à mon souffle, s'étalait comme une ombre
qui ne s'efface jamais. Certaines nuits je me réfugiais dans le placard avec ma sœur,
ses bras autour de moi étaient la seule certitude dans ce chaos.

Il y avait aussi les jours ou les coups m'étaient destinés.

Toujours les mêmes, comme un rituel absurde : trois claques.

La petite, la moyenne, la grande.

Une cadence mécanique, une répétition qui se voulait presque ordonné,

comme si la douleur pouvait être maîtrisée par la logique.

Puis venait la phrase que je devais réciter après : "Il ne m'a pas mis une gifle,

tout va bien, je vais bien."

Mais rien n'allait. Et les larmes que je laissais couler étaient accueillies

par une nouvelle injonction : Arrête de pleurer.

Comme si pleurer était une faute.

Comme si exprimer ce qui brûlait à l'intérieur était interdit.

Comme si ma douleur devait se cacher.

Comme si mes larmes étaient une faiblesse.

Un signe qu'il fallait étouffer.
Alors j'ai appris à retenir les sanglots,
À serrer les mâchoires,
À regarder ailleurs pour que personne ne voie ce qui débordait en moi.

Mais à l'intérieur,
Rien ne s'arrêtait.
Les larmes refoulées devenaient des poids invisibles,
Des ombres qui restaient accrochées à ma peau.

Et pourtant, malgré tout, je continuais à avancer.

Un instant de fierté

J'avais dix ans.
La maison était pleine d'attente, pleine d'excitation.

Nos cousins éloignés allaient arriver, et ma cousine et moi, toutes fières,

On avait décidé de décorer ma chambre pour les accueillir.

Des guirlandes improvisées, des objets que l'on avait trouvés dans des cartons,

Quelques trésors oubliés ramassés dans le grenier.

On n'était pas censées monter là-haut,

Mais pour quelque chose d'aussi beau,

Ça valait bien une petite entorse aux règles.

je me souviens de l'euphorie,

de cette excitation d'enfant,

de ce moment ou je voulais juste montrer ce qu'on avait fait.

Alors, j'ai appelé mon beau- père.

Toute fière.

Toute innocente.

Mais son regard ne s'est pas posé sur les décorations.

Juste sur ma faute.

– "Qu'est ce que t'as foutu au grenier ?"

L'instant a basculé.

Il a fait sortir ma cousine de la chambre.
Elle a obéi, mais ses pas ont trainé derrière la porte.
Je savais qu'elle était là,
Que ses yeux regardaient à travers le trou de la serrure.

La première gifle a claqué,
Comme un coup de tonnerre sur une journée ensoleillée.
Je ne savais pas ce qui faisait le plus mal :
Le choc,
Ou l'injustice de cet instant qui s'effondrait sous la violence.

Les coups ont continué.
J'ai fini par avoir un cocard à l'œil.
Une marque qu'on ne pouvait pas cacher,
Même avec un sourire forcé.
En sortant de la chambre, il m'a regardée.
Comme si tout ça était normal,
Comme si ce n'était qu'un détail insignifiant.

– "Va te passer un coup sur la figure."

Comme si ça pouvait faire oublier ce qui venait de se passer.
Comme si les coups s'effaçaient aussi facilement qu'une trace de poussière sur un mirroir.
Mais certains souvenirs ne s'effacent pas.
Ceratains restent ancrés,
Comme une empreinte brûlante.

Et pourtant, il y a d'autres images qui manquent,
Des souvenirs heureux que je n'arrive pas à retrouver.
Comme si ils n'avaient jamais existé.

Mais comme les saisons, la vie continue.
J'ai survécu à ces tempêtes en cherchant toujours un printemps intérieur.
Puis, à mes 22ans, lorsque le monde semblait s'arrêter à la nouvelle du décès de ma mère,
J'ai trouvé dans la douleur une nouvelle naissance, une pousse de force là ou
je ne l'attendais pas.

Les mains du silence

Une main sur la bouche,
Un ordre muet,

Un poids qui ne laisse aucun mot
s'échapper.

Parler serait une faute,
Hurler serait une erreur,
Tout ce qui existe,
Tout ce qui brûle.

Mais un jour,
La main glissera,
Et ma voix,
enfin,
Retrouvera l'air.

Les mains sur les yeux

Je ne vois pas.
On me cache ce qui existe,
On me force à détourner le regard,
À ne pas voir ce qui fait mal,
Ce qui gronde sous la surface.

Mais même dans l'ombre,
La vérité trouve un chemin,
Un frisson qui traverse la peau,
Un éclat qui force les paupières à s'ouvrir.

Un jour,
Les mains tomberont,
Et je verrai enfin
Ce que j'ai toujours su.

Les mains qui retiennent

Elles m'agrippent,
Comme si elles pouvaient m'empêcher d'avancer,
Comme si mon corps n'était qu'une chose à contrôler,
À diriger,
À soumettre.

Mais je ne suis pas une marionette,

Je ne suis pas une ombre qu'on déplace,
Je ne suis pas une absence sous emprise
invisible.

Et lentement,
doucement,
Une à une,
les mains lâcheront prise.
Et je marcherai.

Les abysses du passé

-Les racines du silence

    Les disputes éclataient comme des orages imprévisibles, bruyantes, violentes,
    destructrices. Dans la maison, les cris résonnaient contre les murs, remplissant
    chaque espace, chaque souffle, jusqu'à ce que même le silence porte leur empreinte.

    Et à chaque fois, à chaque débordement, c'était elle qui devait partir.

    Ma mère et nous, parfois ma sœur et moi, chassées de notre propre foyer
    comme des intrus. Au commissariat, les nuits s'étiraient dans l'attente,
    sous les lumières blafardes, entre les murmures fatiguées des policiers et les regards
    vides. Et pendant que nous trouvions refuge entre ces murs impersonnels,

lui mon beau-père, restait dans cette maison, comme une évidence que rien
ne changerait jamais. La plupart du temps, ils étaient ivres tous les deux.
La violence devenait une routine, un engrenage que personne,
Ne semblait pouvoir arrêter.
Puis, un jour, ma mère en a eu assez.
Nous sommes parties.

Chez ma grand-mère, il y avait une autre forme de silence, un calme forcé,
Une respiration apaisée. J'étais en cinquième. Une moitié de moi vivait dans une ville,
l'autre auprès d'elle, cherchant un équilibre entre ce qui restait de l'enfance et ce que la vie
imposait déjà.
Mais cette accalmie n'a pas duré.

Ils se sont remis ensemble. Pas pour longtemps.

Leur dernière tentative d'être une famille s'est effondrée aussi vite qu'elle avait recommencé.

Et cette fois, il ne pouvait plus nous approcher.

Mais vivre sans lui, ce n'était pas simplement respirer à nouveau.

C'était apprendre à exister autrement, à reconstruire quelque chose sur des ruines qui semblaient encore fumantes.

Je devais avoir quinze ans quand ma mère est rentrée encore ivre, son corps lourd de fatigue, son regard absent. Ce matin-là, comme tant d'autres, j'avais pris en charge ma petite sœur, l'habillant, l'amenant à l'école pendant que notre mère dormait sur le canapé, noyée dans son propre naufrage.

Je n'allais pratiquement plus au collège.

Et puis ce jour-là épuisé par le poids de tout ce que je portais, j'ai parlé

Le masque

Je porte un masque aux contours parfaits,
Un sourire tracé avec soin,
une lumière dans les yeux,
Comme si tout allait bien.

Personne ne sait ce qu'il cache,
Ce qui se fissure sous la peau,
Les ombres qui s'étirent derrière la façade,
Les larmes qui s'écrasent en silence

je ris, je parle,
je vis comme si le monde était simple,
comme si chez moi, le vent soufflait doucement,

Sans jamais hurler entre les murs.

Mais le masque glisse parfois,
Dans le reflet d'une vitre,
Dans une phrase qui tremble,
Dans un silence trop long

Et je le replace,
Encore et encore,
Parce que c'est plus simple comme ça
Parce que personne ne doit savoir.

J'ai discuté avec mon beau père, non pas pour lui pardonner, non pas pour lui donner
un semblant d'importance, mais pour lui dire que ma sœur allait bien.

Parce qu'elle était sa fille. Parce qu'elle était mon essentiel.

Mais ma mère, elle, dans cet état, devenait un miroir de lui.

Elle me criait que c'était de ma faute. Que si elle n'était plus avec cet homme, c'était parce que j'avais détruit quelque chose.

Et c'est là que j'ai craqué.

J'ai fait un premier signalement au collège. J'ai dit ce que je n'avais jamais raconté avant.

Même si parfois les bleus sur mon corps parlaient pour moi.

Ce jour-là, on est venues nous chercher.

ce jour-là, ma sœur et moi avons été placées.

ce jour-là, moi, j'ai trouvé une première libération.

-La colère avant la résilience

Avant de guérir, il y a eu la colère.

Elle brûlait en moi comme un feu que personne ne voyait. Pas une rage explosive, pas des cris qui remplissaient une pièce c'était une colère profonde, un orage silencieux,

une révolte contre tout ce qui n'aurait jamais dû arriver.

Ma mère avait toujours choisi cet homme plutôt que nous.

Cet homme qu'elle aurait dû fuir.

Cet homme qu'elle aurait dû combattre pour nous protéger.

Mais elle l'a aimé, elle l'a défendu, et elle a sombré avec lui.

Après les deux premier mois dans ce foyer, loin de cette ville qui avait abrité

tant de violence, on nous a trouvées une famille d'accueil. Ma sœur et moi,

Recroisant notre mère parfois, recroisant son père aussi.

C'était l'été.

Un changement brutal, une transition vers une nouvelle forme d'existence.

Fred et Margot- ce seront leurs noms
dans ce livre, m'ont appris
    ce que je ne savais pas : lâcher prise.
    Ne plus être une mère pour ma sœur,
    Ne plus être en charge de tout,
    Ne plus être celle qui protège à tout pris,
    Mais être simplement moi.

    J'aurais voulu que ce soit facile.
    Mais la violence ne me quittait pas.

    Au lycée, elle régnait encore, sauf que
cette fois, elle était en moi.
    J'avais encaissé trop longtemps.
J'avais subi les jugements, les décisions du tribunal,
    les regards pleins de commisération.
Maintenant, c'était moi qui frappais,
    moi qui rejetais ce qu'on voulait me
donner, moi qui refusais d'être faible.

Et pourtant, malgré tout, ma mère restait ma mère.

Elle était là, dans cette ville, à errer, à boire, à survivre sans vraiment vivre.

Et moi, malgré toute la rage que je portais, je lui donnais encore ce que je pouvais.

Une paire de chaussettes, un vêtement, un peu d'argent de poche parfois.

Parce que je voulais qu'elle s'en sorte, même si je savais qu'elle ne s'en sortirait pas.

Et puis il y a eu elle, cette prof de français au lycée.

Elle a compris.

Elle a vu ce qui se passait sans que je parle.

Elle a tendu une valise à ma mère, une couverture, de quoi ne pas avoir froid.

Et elle m'a donné autre chose, un refuge différent.

Elle m'a appris à croire en moi.

Elle m'a appris à écrire,

À mettre mes pensées sur le papier à transformer la douleur en mots.

C'est elle qui a fait naître l'amour des lettres,
C'est elle qui m'a montré que ce que je portais pouvait devenir quelque chose de beau.

Et c'est là que la colère a commencé à disparaître.
C'est là que j'ai compris que frapper ne me sauverait pas, que haïr ne réparerait rien,
Que je pouvais construire au lieu de détruire.
Et lentement, sans que je réalise immédiatement, je suis entrée dans la résilience.

-L'ombre du cycle

Et si tout recommençait ?

Si les même murs se dressaient devant moi,
Les mêmes silences, les mêmes tempêtes,
Si le passé s'insinuait dans mes jours neufs
Comme une vieille promesse jamais tenue ?

Et si je portais encore cette histoire sur mes épaules,
Si elle dictait mes choix,
Si elle murmurait dans mes doutes
Et s'accrochait à mon souffle ?

J'ai peur que les ruines se relèvent,
Que les pas me ramènent aux mêmes portes,
Que l'écho du hier résonne dans mon demain.

J'ai peur d'aimer comme avant,

D'attendre comme autrefois,
De plier sous des poids
Qui ne m'appartiennent plus.

Mais peut-être que l'histoire peut cesser de tourner en rond,
Peut-être que je peux poser mes mains sur ce passé
Et le laisser glisser,
Comme une poussière qu'on souffle loin.

Peut-être que cette fois,
C'est moi qui écris la suite.

"On croit que survivre, c'est une lutte.
Mais parfois, la vraie résilience, c'est simplement apprendre à marcher sans trembler,

À respirer sans penser à hier, à accepter que l'on porte nos cicatrices sans qu'elle dicte notre avenir."

-Grandir trop vite

On dit que l'enfance est une bulle, une parenthèse de lumière avant que le monde
ne viennent ébranler. Mais, moi, je n'ai jamais connu cette bulle.

ma sœur et moi avons vécu une année en famille d'accueil.
une année entre deux mondes : celui que nous avions fui, et celui qui allait
nous être imposés. Car son père a demandé sa garde. Et il la obtenue.
ma mère, déjà brisée par l'alcool, a perdu l'autorité parentale sur nous.
Et là, elle s'est effondrée pour de bon.

Elle a plongé encore plus loin, encore plus profond.

J'ai vu ses appels devenir plus lointains, plus irréguliers.

J'ai vu son corps se fondre dans les rues,

Sa voix se perdre dans le bruit du monde.

Elle était devenue SDF, livrée à une vie ou chaque jour était un combat silencieux.

Ma sœur n'a plus eu de nouvelles.

Pendant cinq ans.

Jusqu'à son décès.

La dernière fois que ma sœur a vu notre mère, c'était dans son cercueil.

Un traumatisme pour elle,

Un choc pour moi,

Même si moi, je l'avais encore parfois au téléphone,

Même si moi, je continuais à tenir ce fil fragile entre nous,

Même si moi, j'avais sans cesse peur pour elle.

Parce que être une femme dehors,
C'est un danger de chaque instant.
Parce qu'elle s'était fait voler,
Parce qu'elle s'était fait violenter,
Parce qu'elle s'était fait violer.
Parce que les foyers pour sans abris,
Ceux qui existent, sont souvent faits pour les hommes.

Et moi, malgré tout, je voulais qu'elle survive.

C'est tout cela qui m'a fait grandir trop vite
C'est tout cela qui m'a forgée
C'est tout cela qui m'a poussée à protéger ma sœur coûte que coûte.

Mais elle, ma sœur, elle n'a compris que plus tard.
Elle a fini par ouvrir les yeux sur son père

Sur ce qu'il avait fait à notre mère.
Sur ce qu'il m'avait fait.

Un jour, elle m'a confié :
– "J'aurais aimé que tu demandes ma garde quand tu as eu 18 ans."
Et j'aurais voulu le faire.
Comme j'avais voulu porter plainte contre lui à 18 ans.
Mais j'ai retiré ma plainte.
Pour elle.
Parce qu'il ne lui avait jamais rien fait.
Parce qu'elle avait grandi dans une autre réalité.
Parce que je savais que cela la détruirait autant que moi.
Alors j'ai choisi de me taire.
Pour elle.

-Entre nous, la colère

J'étais en colère.

Une rage sourde qui grondait dans chaque dispute,
dans chaque regard fuyant,
Dans chaque moment où elle choisissait autre chose
Plutôt que nous.
Je ne comprenais pas.
Je ne voulais pas comprendre.
Pourquoi elle ne nous avait pas choisis,
Nous, ses filles ?
Pourquoi elle n'avait pas voulu se soigner ?
J'avais l'impression que chaque fois,
Elle nous laissait derrière,
Que nous étions un choix qu'elle ne faisait pas,
Que l'alcool avait pris une place que nous n'aurions jamais.
Alors on s'est affrontées.
Des cris, des portes qui claquent,
Des mots trop durs,
Des silences encore plus brutaux.

J'étais furieuse,
Elle était épuisée.
Je voulais la réveiller,
Qu'elle ouvre les yeux,
Qu'elle voit ce qu'elle nous faisait.
Mais l'alcool est une cage.
Et elle, enfermée dedans,
Ne voyait plus rien.
Il m'a fallu du temps
Pour comprendre
Que ce n'était pas une question de choix.
Qu'elle ne nous rejetait pas,
Qu'elle n'avait plus la force
De nous aimer comme nous en avions besoin.
Mais à dix, quinze, dix-huit ans,
On ne veut pas comprendre ça.
On veut juste exister
Dans les priorités de ceux qui devrait nous protéger.
Alors je lui en ai voulu.

Longtemps.

Jusqu'à ce que l'absence devienne plus forte que la colère.

et que je réalise que, malgré tout,

Elle n'était pas ce que l'alcool avait fait d'elle.

-Celles qui tiennent encore

Elles avancent,
Même quand le monde les brise,
Même quand la nuit avale leurs pas,
Même quand personne ne voit les bleus
Que le silence cache mieux que les murs.

Elles avancent,
Dans les rues qui ne laissent pas de place,
Dans l'ombre d'un passé qui refuse de se taire,

Dans l'ombre d'un passé qui refuse de se taire,
Avec des cicatrices qu'on ne nomme pas,
Qu'on ne comprend pas,
Qu'on efface sous des sourires forcés.

Elles avancent,
Dans des foyers qui n'accueillent pas,
Dans des chambres trop froides,
Dans l'attente de lendemains
Qui ne promettent rien.

Mais elles sont là,
Avec cette rage douce,
Avec cette douleur qui devient force,
Avec ce feu qui ne s'éteint jamais.

Elles tiennent encore.
Et un jour,
Ce ne sera plus seulement survivre.
Ce sera vivre.

-Debout, malgré tout

Il y a les cris qui résonnent dans les murs,
Les coups qui marquent la peau,
Les silences trop lourds,
Les pleurs que personne n'entend.

Il y a les nuits dans les commissariats,
Les retours dans des foyers inconnus,
Les matins où l'on se demande si demain existe vraiment,
Les décisions qui tombent comme des couperets,
Et cette impression que le monde choisit à notre place.

Ma mère a traversé les tempêtes.
Et pourtant, elle s'est noyée.

Dans les rues où on ne regarde pas ceux qui dorment sous les lampadaires,
Dans les bouteilles vides qui remplacent les promesses,
Dans cette vie ou être une femme dehors
Et une bataille sans arme.

Elle a porté sa douleur sans jamais la déposer,
J'ai porté la mienne en cherchant à m'en détacher,
Et ma sœur, elle, a appris à voir autrement,
À comprendre plus tard ce que nous avions traversé.

Et pourtant, nous sommes là.
Moi, ici, à écrire.
Elle, à respirer malgré tout.
ma mère, quelque part dans une mémoire que je refuse d'effacer.

parce que la douleur n'est pas un verdict.

parce qu'elle ne doit pas être une identité.

parce qu'à travers le monde, il y a bien pire.

Et, pourtant, on se relève.

Si l'on veut.

Si l'on refuse d'être ce que le passé décide pour nous.

Si l'on prend la douleur et qu'on en fait autre chose.

Un cri.

Un livre.

Une force qui ne plie plus.

Parce qu'au bout du compte,

Je suis debout.

L'amour, pour moi, n'a jamais été une évidence. Il a été une quête, un combat, une tentative de construire quelque chose là où tout semblait fragile.

Mon passé m'a appris une chose essentielle : on aime souvent comme on a été aimé

Et quand l'amour a été synonyme de souffrance, d'attente, de peur,

Il devient difficile de ne pas reproduire inconsciemment ce schéma

J'ai cherché, à travers mes relations, une certitude, une stabilité, quelque chose

qui ne partirait pas parce que partir, je l'ai vécu trop souvent

L'abandon a laissé une empreinte

L'attachement est devenu parfois une nécessité, une manière de sécuriser ce qui semblait

toujours menacé

mais aimer ne doit pas être une réparation l'amour ne peut pas guérir à lui seul

ce que le passé a brisé

Et pourtant, malgré ces blessures, j'ai appris j'ai compris qu'on peut aimer autrement,
qu'on peut s'attacher sans se perdre,
qu'on peut vouloir sans dépendre

Le passé m'a forgée. Il a influencé ma manière d'aimer, mais il ne la définit pas.
Aujourd'hui, j'écris une histoire ou je choisis mon amour, au lieu de le subir.
ou il devient un choix, un partage, et non une nécessité pour survivre.
et ça, c'est la plus belle des victoires.

-Et si tu restais ?

J'ai fui.
Sans prévenir, sans explication.
Juste pour voir si quelqu'un allait me rattraper.
J'ai testé.
J'ai poussé les limites,

J'ai créé des orages là où il n'y avait que du ciel clair,

J'ai forcé les gens à choisir.

Parce que je voulais savoir.

Savoir qui resterait,

Qui tiendrait bon malgré mes silences,

Malgré ce que je ne disais pas.

Je voulais être certaine

Que l'amour, l'amitié, l'attachement,

Tout ça ne partirait pas à la première secousse.

Alors j'ai saboté

Sans même m'en rendre compte.

Et parfois, ils sont restés.

Et parfois, ils sont partis.

Et à chaque départ,

J'avais une preuve de plus

Que rien ne dure.

Mais ce n'est pas eux que je mettais à l'épreuve.

C'était la peur.

La peur d'être abandonnée.

La peur que l'histoire se répète
La peur que, quoi que je fasse,
Je ne sois jamais assez
Pour que quelqu'un choisisse vraiment de rester.
Et pourtant, un jour,
J'ai compris que l'amour et l'amitié ne sont pas des tests à réussir.
Ils sont des espaces à habiter
Sans jeux,
Sans peur,
Sans cette nécessité de prouver encore et encore
Que l'autre tiendra bon.
Parce qu'aimer,
Ce n'est pas survivre à des épreuves.
C'est juste être là, ensemble.

-Le poids du pardon

On dit souvent que le pardon libère.
Qu'il est la clé pour avancer,

Qu'il apaise ce qui brûle encore.
Mais moi, longtemps,
Je n'ai pas voulu pardonner.
Parce que pardonner,
Ça aurait voulu dire accepter.
Accepter ce qui m'a brisée.
Accepter qu'elle n'a pas choisi de se battre.
Accepter que certaines blessures ne guériront jamais vraiment.
Alors j'ai tenu bon.
Sans pardon
Sans cette tentative de réécrire les choses autrement.
Mais le passé est une ombre qu'on traine,
Une empreinte qui pèse,
Et ne pas pardonner,
Est-ce que ça n'enferme pas autant que pardonner sans conviction ?
J'ai cherché la réponse.
Dans les silences.

Dans les nuits où le passé revenait,
Dans les jours où je voulais juste exister.
Sans ce poids.

Et j'ai compris que le pardon, ce n'est pas dire "c'était rien"

Ce n'est pas effacer ce qui a été fait.

C'est choisir de ne plus laisser cette douleur diriger tout ce qui reste.

Alors, oui peut-être que je pardonne.

Mais pas comme on l'attend.

Pas pour minimiser,

Pas pour oublier.

Je pardonne pour moi.

Pour ne plus trainer ces chaines.

pour ne plus avancer avec le passé accroché à chaque pas.

pour être libre.

Enfin.

-Le pardon qui ne sonne pas comme un adieu

On dit qu'il faut pardonner
pour guérir,
pour avancer,
pour ne plus porter le poids des blessures anciennes.

mais le pardon n'efface rien.
Il ne fait pas disparaitre les cicatrices,
Il ne rend pas le passé moins douloureux,
Il n'offre pas d'oubli,
Seulement un chemin.

Un choix.
Celui de ne plus laisser les ombres
Dicter chaque pas.
Celui de ne plus revenir en arrière
Encore et encore
Comme si le passé exigeait
D'être revécu mille fois.

Je pardonne,

Mais je me souviens.
Chaque éclat, chaque chute,
Chaque mot qui a fait mal.

Mais je refuse d'être définie par eux.
Je refuse que ce qui m'a brisée
Continue à gouverner mon avenir.

Alors oui,
Je pardonne,
Non pas pour eux,
Mais pour moi.

Parce que je me suis choisi moi

-Les schémas qui se répètent

J'ai grandi dans l'incertitude des liens.
dans des amours qui faisaient mal,
dans des attachements qui brisaient plus qu'il ne réparait.

alors, sans même en prendre conscience,
J'ai appris à reproduire ce que je connaissais.

À attendre, même quand l'attente ne promettait rien.

À espérer, même quand il n'y avait plus rien à espérer.

Parce qu'aimer, pour moi,
C'était tenir, coûte que coûte.
C'était s'adapter à l'autre,
C'était se modeler pour ne pas perdre ce qui semblait fragile.

Mais aimer, ce n'est pas disparaitre.
Ce n'est pas se fondre dans quelqu'un d'autre
Au point de ne plus exister pour soi-même.

-L'attente et la dépendance affective

J'ai longtemps cru que si j'étais la personne parfaite pour l'autre,
Alors il ne partirait pas.

Que si je me calquais sur lui,
Si je pensais comme lui,
Si je faisais tout pour qu'il m'aime,
Alors je serais suffisante.

Mais derrière cette adaptation,
Où était ma propre voix ?

Je ne la faisais pas entendre.
Par peur de ne pas être aimée,
Par peur d'être rejetée,
Par peur qu'un jour, il décide que je ne vaux pas assez
Pour rester.

Mais aimer ne doit pas être une négociation.

Ce n'est pas mériter l'affection de quelqu'un,
Ce n'est pas se transformer pour être accepté.

C'est exister pleinement,
Sans avoir peur que cela fasse fuir.

-La peur de l'abandon et la difficulté du lâcher-prise

J'ai toujours eu peur que tout s'effondre.
Que l'amour soit une chose fragile,
Un fil tendu qu'un geste suffirait à rompre.

Alors j'ai tenu fort,
Comme si la force de mon attachement
pouvait empêcher les gens de partir.

J'ai cru que plus j'aimais plus l'autre resterait.

Mais l'amour ne fonctionne pas comme ça.

L'amour doit être libre.
Sans peur.
Sans cette angoisse constante que tout puisse disparaitre
En un souffle.

Et lâcher prise.
Ce n'est pas perdre.
Ce n'est pas abandonné.
C'est apprendre que ce qui doit rester reste,
Et que ce qui s'éloigne, parfois, ne devait pas être là pour toujours.

-L'évolution et la prise de conscience

Je pensais qu'aimer devait être un combat,
Qu'il fallait prouver sa valeur,

Qu'il fallait se battre pour être regardé, choisi, gardé.

Mais aujourd'hui,
Je refuse cette idée.

Aimer, ce n'est pas s'effacer pour plaire.
ce n'est pas craindre de dire ce qu'on pense.
ce n'est pas attendre indéfiniment quelqu'un qui hésite.

C'est être soi,
entièrement.
sans peur.
sans condition.
sans ce besoin d'être un reflet,
mais juste une présence vraie.

et ça, c'est une victoire que le passé ne peut plus m'enlever.

L'infini à portée de main

"Et si l'infini ne se trouvait pas dans l'immensité mais dans la proximité ?
Dans le dialogue, dans la pensée,
Dans la manière dont nous percevons ce qui nous entoure...
Ce recueil est une réflexion sur cette illusion de grandeur
Qui nous fait oublier l'essentiel."

-L'instant ou tout bascule

— Il y a eu ce jour, ou sans prévenir, tout s'est mis à ralentir.

Comme si le monde entier prenait une profonde inspiration.

J'étais assise devant une fenêtre, regardant un arbre que je connaissais

Depuis toujours.

Rien d'extraordinaire.

Et pourtant, il était là, dans une présence que je ne lui avais jamais vraiment accordée

Chaque feuille frémissait sous un vent léger.

Chaque mouvement avait une cadence subtile, comme une respiration

Que je comprenais enfin.

Je n'étais plus emportée, plus engloutie par la fuite du temps.

Je voyais, j'écoutais, j'existais !

Et, dans cette seconde suspendue ;

Je me suis demandé :

Avons-nous toujours cherché trop loin ?

-Ma dépression

Lente et latente
Tapis dans l'ombre
Elle attend assisse

Que je lui raconte ma journée
Lorsque je suis recroquevillé
Sans bruit, sans heurt
Elle s'infiltre dans l'espace.
Attendant que mes mots la nourrissent.
Elle s'installe dans mes nuits,
Se glisse dans mes jours
Et doucement, elle efface les couleurs.
Elle ne crie pas, ne frappe pas
Elle attend, elle sait,
Elle est là, et moi je vacille.
Elle me laisse souvent sur le carreau
Me noyant dans moi-même

-Au-delà des vents

Un jour qui me sourit que je n'attends pas un second souffle de la vie,
La fin du combat
Le destin au bout du fil
Tous ces clichés d'étoiles facile m'ont fait rêver, m'ont fait pleurer l'envie d'exister

Seul pouvoir des rêves c'est de me faire croire

Que chaque jour qui se lève peut changer mon histoire.

La vie ne se joue pas face ou pile.

Je garde l'espoir, précieux, fragile pour me donner la force de m'aimer

Sans jamais douter,

Il faut vivre ses rêves pour exister, se donner,

Tout donner, chacun son étoile pour exister

Il faut tout oser au-delà des vents et des regrets sans rien garder

Que l'ivresse de la vie pour exister

Je veux me voir grandir dans le miroir chaque jour

Tant que je pourrais y lire que viendra mon tour,

Je pousserai les murs de l'impossible

Trouverais ma chance même dans l'invisible pour me donner la force d'avancer

Sans jamais douter

-Pardon en clair-obscur

Un nouvel essai
Chose pas forcément aisé
Quand le blanc à fini
Par vous imprégner
Quand toutes erreurs s'est fait accepter
Il ne reste qu'à se pardonner
Et dans ce blanc, enfin s'épargner

-L'ombre d'un sourire volé

Le début d'une mélancolie
L'écho d'une vie brisée
Un murmure englouti

Pour un simple frisson
Une trahison, subie.
Il a suffi, d'un sourire volé ;
Pour que l'amour devienne un sentier ravagé
Un carnage silencieux, deux âmes en fuite
A contre cœur, ce sera lui

-Les rêves brisé

Un semblant d'existance entre quatre murs
Comme un voile de silence sur mes amours.
Un acte de resistance jouer aux durs,
Parce ce que son absence a noyé mon futur

Sous un flot de larmes relevé au whisky
J'ai pleurer son charme sur l'autel de l'oublie

J'ai caché le drame aux yeux de mes amies.

Ma douleur, mon âme, je la bois et je ris
Je ris, je fait le clown j'amuse le public
Je vais chantant en rue les amours romantique
D'une aire désoeuvré et sa muse divine.
Puis je bois mes cachets au bar de la cantine
J'ai usé mes souliers sur les chemins d'errance
J'ai couru l'horizon pour en endurer les souffrances.

-La fugue du matin fragile

Se faire de plus en plus petit
Tout s'efface, glissant au ralenti,
La nuit s'épuise laissant place au gris au rose pale qui s'éclaircit.
Peu à peu, le silence s'évanouit,

Les lampadaires meurent,
Les bruits renaissent,
Et la froideur s'insinue,
Douce et cruelle.
Une atmosphére qui nous enveloppe
Une atmosphére qui se rétablit
Dans l'éphémere d'un matin fragile
Un instant suspendu, un paradis enfui,

Le paradis enfui,
C'est ce silence là
Celui qui flotte dans les maisons assou-pies
Dans les ruelles désertes,
Dans le dernier battement de nuit
Avant que le monde ne s'éveille
Et que l'irreversible recommence

L'infini à portée de main

Les choses infiniment grandes a nos yeux semblent dérisoires

Face a un esprit enfermé dans sa propre supériorité.

Aveuglé par sa quête d'absolu, il cherche ailleurs

Sans voir qu'il lui est déjà offert.

" Et puis parfois, il suffit d'un regard, d'un mot

Échangé pour que l'infini prenne forme dans le réel"

Il s'arrête au comptoir d'un café, rien d'extraordinaire.

Une femme assise à côté feuillette un live aux pages cornées.

Il jette un regard distrait, capte un mot, puis un autre,

Sans réfléchir, il murmure :

– "Ce passage-là… il résonne en vous ?"

Elle relève la tête, hésite, puis acquiesse doucement.

- "Il me rapelle un moment perdu.
Une soirée dans un jardin.

La sensation d'être enfin à sa place"

Il sourit, surpris par la simplicité de la réponse.

– "C'est étrange, non ? Que quelques lignes puissent ramener un instant à la surface ?"

Elle réfléchit un instant, puis répond :

– "Peut-être que rien ne disparait vraiment. Peut-être que tout ce qu'on pense,

tout ce qu'on partage, continue d'exister quelque part."

Il aurait pu ne jamais parler.

Elle aurait pu ne jamais répondre mais cette échange, minuscule, avait ouvert une brèche

Une pensée offerte.

Et dans cet instant fugace, une trace d'infini.

Et pourtant, il suffisait d'un instant, d'un mot échangé pour toucher quelque chose qui dépasse le temps.

Alors, que vaut cette quête si elle nous éloigne de l'essentiel ?

A vouloir atteindre ce qui nous semble incommensurable, nous risquons d'ignorer ce qui est déjà là, offert sans conditions.

Nous cherchons toujours plus loin, croyant que la grandeur réside dans ce qui nous dépasse.

Mais peut-être est elle simplement dans ce qui nous relie.

Un échange, une pensée qui circule,
Une parole qui éveille.

Nous avaons cru que l'infini était ce que l'on ne pouvait atteindre.

Mais il est là dans ce que nous façonnons ensemble.

Il ne s'agit pas d'un lieu à trouver, mais d'une présence à reconnaitre.

Chaque mot, chaque geste, chaque pensée partagée élargit les contours du réel.

L'infini, c'est cet écho qui nous dépasse, cette trace qui ne s'efface jamais.

Et peut être n'avons-nous jamais eu a le chercher.

Il était là, depuis le début.

-Gris

    Plus de couleurs à toutes ces senteurs
    Tout n'est plus que maussade à côté de mon cœur
    Poivre et sel
    Voici mes nouveaux écussons
    Qu'elle carnation à se champs
    Lorsque celui-ci est en noir et blanc
    L'horizon attend sa couleur

-L'écho du mouvement

    J'avance après la peur alors que je devrais être devant
    Toujours là sur place

Pendant que je me regarde aller de l'avant

    Ces mots que je ressens pourtant si bien
    Serait-il mort avec cet esprit qui savait si bien les faire jaillir autre fois
    Ils font pourtant écho en moi, amplifié il y a longtemps par tous les rêves que j'avais

-Ce qui nous échappe

    Est-ce un choix de couper court aux événements ou une nécessité ?
    Peut-on seulement améliorer ce qui s'est déjà joué ?
    Peut-on réellement vouloir ce qu'il y a de mieux sans altérer ce qui fut ?
    Que reste-t-il des souvenirs lorsqu'on leur laisse place au vide ?

Peut-on changer le cours des choses ou sommes-nous condamnés à les subir ?

Chaque mot, chaque phrase prononcée cache-t-elle une porte de secours

un détour possible ?

Mais si c'était le cas, de quoi serions-nous faits ?

Si nous pouvions remanier nos souvenirs, effacer nos angoisses et nos douleurs,

serions-nous encore nous-mêmes ?

Le monde serait-il plus juste si nous pouvions revenir sur nos faux pas,

Ou serait-il plus creux,

Privé de toute profondeur ?

Car il est impossible de tout refaire sans que quelque chose ne se perde.

Impossible de corriger sans ressentir un manque.

Impossible de recréer sans éprouver le vertige du vide.

-Tendre la main aux futures

Je suis là à me faire mes propres réponses,
À tourner autour de mes questions,
À attendre un signe du destin pour choisir mon chemin.
Mais rien ne vient.
Rien ne se décide.
Si l'on ne force pas un peu la main.

-Mes plus grandes peurs me font défaut

J'ai peur lorsque mes doigts
Glisse le long de ta nuque
Que cela ne soit une douloureuse force physique insoumettable.

J'ai peur lorsque mes lèvres
Frôle les tiennes ne pouvoir y rattacher que des souvenirs
De sourires et de baiser aux allures les plus sensuelle.
J'ai peur lorsque je sens
Ton souffle chaud me parcourir la nuque
Que cela soit mes plus belles caresses.
J'ai peur lorsque mes émotions
Me submerge de ne savoir
T'aimer comme tu m'aime en retour
J'ai peur lorsque je sens mon corps
T'appeler et crier que je t'appartiens
Alors que je ne sais n'appartenir qu'à moi-même.
Que dans ces moments-là
Mes doigts alors indécis sachent la danse à mener
À demi couvert par l'étreinte charnelle pour que nos corps
Se mêlent et s'arque de plaisir.

De jeux de mots, entre l'amour et la vulgarité ; que je déposerais au creux de ton dos

Ou mes lèvres passionnées flâneraient en tes endroits les plus intimes et si secret.

-Entre deux instants

Je te dis bonne nuit
Comme tu me dis bonjour.
Nos vies se croisent mais ne se mêlent pas

Le partage se fait et se pénètre.
L'osmose se lit dans les yeux.
Les gestes se courbent à l'échine.
La routine s'installe et se nie.

-Le labyrinthe des certitudes

Les vérités seraient-elles plus douces si personne n'avait de visage ?

La vérité et le réel sont-ils une seule et même chose ?

Est-ce naïf de refuser les réponses à certaines questions que l'on se pose ?

Se mentir à soi-même est une vérité, mais ce n'est pas la réalité.

Le déni, le contrôle façonnent une vérité
Mais ce n'est qu'une vérité modelée, éloignée de la réalité véritable

-L'amertume en fond de tasse

Petite composition de chaque matin,
Un petit regain de ce tombeau que tu te scelles,
Au fond de ton évier, avec ta vaisselle.
Une remontée amère,
De ce goût de merde,
De ce tombeau que tu te scelles.

18/07/2015

Il y a la pluie
Et l'orage
Puis il y a toi au piano
…

-L'enfance réconciliée

    Je suis une enfant qui s'est prise pour une adulte, beaucoup trop tôt.
    J'ai couru après le sérieux, croyant qu'il fallait grandir vite pour exister pleinement.
    Et je découvre seulement…
    Qu'il n'y a pas d'urgence.
    Que l'on peut être les deux
    Que l'enfance ne s'efface pas

Qu'elle danse dans mes gestes, dans mes rires imprévus.

Que l'adulte en moi peut apprendre à lâcher prise, à redécouvrir l'insouciance

Sans s'y perdre.

Je vis !

-L'ombre d'un instant

La rue s'effaçait autour de lui.

il marchait sans regarder, sans voir vraiment,

Jusqu'à ce que quelque chose l'arrête net.

Pas un obstacle.

Juste un détail.

Une vieille enseigne rouillée, pendue de travers au-dessus d'une porte condamnée.

Les lettres à moitié effacées chuchotaient un nom oublié ;

Un commerce disparu. Peut-être une librairie autre fois, ou un café
ou des voix avaient résonné.
Il la fixa, et ce fut comme tomber dans une faille de temps.
Une bribe de souvenirs étrangers- des silhouettes en chapeaux sur un comptoir,
Une odeur de papier jauni
Rien de concret, mais tout l'entourait.
Une rafale le ramena à l'instant présent ;
La rue n'avait pas bougé. Pourtant, quelque chose en lui s'était déplacé.

-La respiration d'un soir

Je marche sans urgence.
L'air est tiède, mêlé d'odeurs de pluie et de terres mouillée.
Chaque pas s'accorde au souffle du vent,

Ni trop rapide, ni trop lent,
Juste assez pour sentir que je suis là, pleinement.

J'effleure le mur d'une vielle bâtisse, ses aspérités rugueuses sous mes doigts.

Un chat traverse la rue d'un bond souple.

Rien ne presse, rien ne retient.
Tout est là, simplement là.
Je relève la tête. Le ciel n'a pas changé, mais je le regarde autrement.

Les pensées, les regrets, les combats, ne sont plus qu'échos,
Rien qu'un murmure dans la nuit.

Ce soir, je n'attends rien.
Et dans cette absence d'attente,
Je trouve l'espace ou enfin
Tout peu respirer.

"Nous cherchons l'infini dans ce qui dépasse notre compréhension,

Mais peut-être est-il simplement là dans un regard une parole échangée, une pensée offerte.

Il ne s'agit pas toujours d'aller plus loin, mais de mieux voir ce qui est déjà là.

Peut-être que l'infini ne se mesure pas, mais se ressent, dans l'instant."

Postface

Et maintenant ?

Ce livre n'est pas une fin.
Ce n'est pas un chapitre qui se ferme pour toujours.

C'est une empreinte.
Une trace laissée derrière moi,
Un fil que je déroulepour ceux qui chercheront à comprendre,
À voir au-delà des ombres,
À sentir que même après la douleur, il y a autre chose.

J'ai écrit pour ne pas oublier.
J'ai écrit pour donner un sens à ce qui semblait n'en avoir aucun.
J'ai écrit pour celles et ceux qui avancent encore,

Qui doutent qui tombent, mais qui, malgré tout,
Se relèvent.

Il ne s'agit pas de rédemption.
Il ne s'agit pas de pardon forcé,
Ou d'un besoin de clore définitivement les blessures.

Il s'agit de moi.
De ma force.
De mon choix de ne plus être définie par ce qui m'a brisée.

Alors oui, mon passé existe.
Il me suit, il façonne encore certaines de mes peurs.
Mais il ne me dicte plus.
Il ne gouverne plus chaque décision.

Je suis libre.

Et ça, aucune douleur ne pourra jamais me l'enlever.

Remerciements

À ma famille, qui a toujours cru en moi, offrantun soutien et une présence rassurante

Dans chaque étape de mon cheminement.

À mes amis, dont l'encouragement constant et la bienvaillance

M'ont permis de poursuivrece que j'aimais,

Même dans les moments de doute.

Vous avez su me rappeler pourquoi l'écriture est si précieuse.

À mes anciens compagnons, qui ont enrichi ma vie de tant d'émotions,

De joies et de peines. Grâce a vous, j'ai pu explorer une palette de sentoments

Qui ont donné naissanceà ces mots, ces pages, ce recueil.

Sans vous, cette aventure n'aurait jamais été la même.

*Composition et mise en page réalisées
avec l'aide de WriteControl*

© 2025 Manon Lannot-Marchand
Édition : BoD · Books on Demand,
31 avenue Saint-Rémy, 57600 Forbach,
bod@bod.fr
Impression : Libri Plureos GmbH,
Friedensallee 273,
22763 Hamburg (Allemagne)
ISBN : 978-2-3226-1385-4
Dépôt légal : Mai 2025